Cómo Enamorar a Un Tauro

Captura el Corazón de Un Hombre Tauro

Carmen Curminola

2

Índice

Introducción

¡Bienvenida, querida! Al llegar aquí has dado el paso definitivo para conseguir tu objetivo... que es, lo sé, el corazón de ese Tauro especial.

En primer lugar, deja que te tranquilice. Muchas mujeres creen que los trucos para enamorar a un hombre son rastreros, una manipulación deleznable y falta de ética. Si tienes miedo de caer en esos tópicos, no te preocupes.

No voy a enseñarte a manipular o hacer trucos, no en el sentido que tú piensas, pero deja que te diga algo: cada vez que te maquillas, cada vez que te vistes bien para una cita o incluso solo para salir con tus amigas, estás llevando a cabo "trucos", "manipulaciones" sociales. Y eso no es algo malo, forma parte de nuestro mundo y, usándolo correctamente, sirve para todos.

No, amiga mía, no te voy a enseñar trucos ni manipulaciones. Lo que quiero enseñarte, no obstante, es algo mucho más básico: a entender cómo piensan los hombres. Y con eso, te lo prometo, estarás lista para ganar el corazón de aquel por el que suspiras.

La Raíz del Problema

"Los hombre solo piensan en el sexo".

"Los hombres son de marte".

"Todo lo que les interesa es la música".

Seguro que estas frases te resultan conocidas, porque son muy comunes. Son cosas que las mujeres decimos sobre los hombres... ¿Y crees que son ciertas?

¿Crees DE VERDAD que un Tauro piensa, veinticuatro horas al día, en el sexo?

¿Crees que es un alienígena venido de otro planeta?

¿Crees que su única afición en la vida es la música?

En realidad no, ¿verdad? Son solo maneras de hablar.

Pues aquí está la clave, querida amiga, la razón por la que se dice constantemente esto, por la que nos volvemos hacia estas frases para dejar ir nuestra frustración sobre el género masculino.

Y es que no los entendemos en absoluto.

Ese es el problema. No es que el Tauro sea un individuo sexual o que le guste la música. El problema está, siempre ha estado, en que no nos entendemos los unos a los otros. ¿Cuál es la razón? Nos crían del mismo modo, ¿verdad?

¿Verdad?

Bueno, quizá no. Quizá a ti, como mujer, te hayan educado para ser recatada y buena, ocuparte de la casa y buscar un esposo. En cambio a él puede que lo hayan educado para ser duro, no llorar jamás, querer tener sexo tanto como sea posible.

Quizá, ¿verdad?

Quizá todo lo que crees saber sobre los Tauro no son más que estereotipos. Quizá hay mucho más en el hombre de tus sueños que afición por el sexo y el fútbol.

Y la clave para seducirlo, la clave para conseguir y mantener su corazón, es comprender que sois diferentes, y que en esas diferencias se halla la riqueza de una relación.

No te preocupes. Yo te indicaré el camino para comenzar a conocerle de verdad, más allá de los prejuicios, más allá de la superficie. Hazme caso, toma mi mano, y te acompañaré.

12

Antes de empezar

Antes de comenzar a aprenderlo todo sobre los hombres, tienes que aprender algunas otras cosas. ¿Pensaste que sería fácil? Pues lo es... pero no tanto.

No te preocupes, solo quiero que entiendas unas nociones básicas antes de empezar a estudiar.

Amor egoísta

Nunca pienses que un hombre, ni siquiera el tuyo, quiere lo mismo que tú. No des por sentado que quiere casarse y tener hijos y estar contigo toda la vida. Él es un ser humano, y como tal, tiene sus propias emociones, deseos y razones, siempre al margen de los tuyos.

El amor egoísta te llevará a esperar de él que cumpla tus expectativas y anhelos, pero al mismo tiempo ignora los suyos. No quieres ser la clase de mujer que tenga un hombre como si fuera un adorno. Quieres ser una mujer que se embarque en una relación completa, verdadera, donde dos personas estén de acuerdo, se comuniquen y se comprendan.

El problema estriba en que tienes unos ideales y nunca serás feliz porque ningún hombre puede compararse a esos ideales, jamás, y desde luego no tan deprisa como te gustaría. Tus necesidades emocionales NUNCA se verán suplidas por completo, por ningún hombre, como por ninguna otra persona. Somos demasiado complejos para eso.

Si crees que un hombre va a ser exactamente lo que quieres, te vuelves dependiente de él. Lo presionas y buscas más de lo que te quiere dar, y entonces... se acabó.

NUNCA des por sentada la fidelidad, el amor o la relación aunque haya una química impresionante entre vosotros. Para un hombre, las dos cosas no están relacionadas. No lo olvides, amiga mía: él es una persona, y no tiene por qué sentir y querer lo mismo que tú. Tenlo siempre en cuenta.

Cambia tu perspectiva

Si quieres tener éxito en el amor y en la vida tienes que aprender algo muy importante: tienes que saber cómo cambiar tu punto de vista, ver las cosas desde el otro lado.

Esto es válido para todo: el trabajo, la amistad, la familia... pero ahora lo que nos interesa es hablar sobre los hombres, ¿verdad? Y en ese aspecto, cambiar el punto de vista es vital.

Hombres y mujeres somos totalmente distintos. Vemos las cosas de maneras muy diferentes, y ninguno tiene por qué estar equivocado. De hecho, si te interesas por su punto de vista, si lo comprendes y lo aceptas, conseguirás un resultado fascinante: él se interesará, comprenderá y aceptará el tuyo. Esa es la clave de las relaciones humanas, la mutua comprensión.

Al conocer a alguien...

Al conocer a alguien, te recomiendo dar estos pasos:

—Saca de tu cabeza todos los prejuicios y las expectativas sobre esa persona.

—Tómate el tiempo necesario para comprender a esa persona, preguntándote qué es importante para ella, qué le gusta o le disgusta, etcétera.

—Imagínate por un momento o que eres esa persona, y pregúntate qué te hace sentir esto o aquello, qué te importa más.

De esta manera ves la situación desde los dos ángulos y comprendes mejor lo que te rodea. Eso te permitirá relacionarte mejor con los hombres y con el resto de la gente; es decir, te ayuda a cambiar tu perspectiva.

La hormona del amor

Cuando te enamoras, sobre todo en los primeros momentos, tienes una alta cantidad de hormonas como la dopamina o la serotonina. Esto provoca:

—Hipersensibilidad emocional

—Poco apetito

—Aumento de los latidos del corazón

—Mayor nivel de energía

—Mayor deseo sexual

—Euforia

Después de estos primeros días empiezas a emitir otra clase de hormonas, como la oxitocina, cuya función es generar una sensación de largo plazo en la relación; amor "parental", es decir, el que manda un mensaje de "quiero pasar la vida contigo y formar una familia".

Por tanto, la relación tiene dos estados a nivel químico: la euforia, y el compromiso.

¿Y esto por qué es importante?

Es importante porque el momento de euforia es lo que llamaríamos "la conexión emocional", de lo que hablaremos más adelante, y aunque provoca sensaciones maravillosas de seguridad, felicidad y amor, hay que tener en cuenta que los niveles hormonales bajarán, y si para entonces no hay algo real, algo tangible, la relación se perderá por completo.

¿Qué quiero decir? Quiero decir que es importante saber por qué te sientes tan feliz en un primer momento, para no quedar cegada por esas hormonas: recuerda que tienes que ver más allá de la química.

Los roles

En la naturaleza, la hembra es la que acepta o no al macho que la corteja, y es algo que también sucede con los humanos (poniendo como ejemplo que él pide matrimonio y ella elige si aceptar o no).

Pero a día de hoy estos roles (hembra = elegir / macho = cortejar) pueden verse invertidos en las personas; el hombre ya no tiene por qué ser un proveedor ni la mujer necesita ser cuidada y protegida, lo que contradice siglos e incluso milenios de comportamiento instintivo y señala un crecimiento emocional e intelectual hacia la igualdad.

Todo esto es algo bueno, como ya imaginarás, pero también provoca una serie de dificultades y tropiezos a la hora de relacionarnos unos con otros. Si los viejos patrones ya no sirven, ¿qué hacemos?

Cuando los roles se invierten, es bueno que la mujer sea consciente de los comportamientos intuitivos del cortejo, tanto propios como de los hombres, para usarlos correctamente en esta nueva situación.

En cualquier circunstancia es más efectivo que el hombre corteje a la mujer que no a la inversa. Cuando un hombre se ve cortejado por una mujer que todavía no le interesa, no va a prestarle ni un poco de atención; así que si vas a por un hombre enviando el mensaje de que lo estás cortejando y lo quieres desesperadamente, no te hará ni caso.

No obstante, si eres capaz de enviar otro tipo de mensaje puedes lograr que te preste atención y luego intente cortejarte a ti, en lugar de a la inversa. Se trata sobre todo de actitud. Ya lo verás.

Las citas

La mayoría de los hombres quieren estar de citas cuanto más tiempo, mejor (es decir, sin comprometerse). Para ellos es más emocionante quedar y no comprometerse. De hecho, muchos de estos hombres desarrollan un radar para detectar a las mujeres que no les interesan, para evitarlas y dedicar su atención a las que tienen todo lo que les gusta.

Por supuesto, esta detección también la hacen las mujeres con los hombres.

Pero cuando un hombre tiene muchas citas, puede que lo haga para inflar su propio ego (y hay que evitar estos a toda costa). Puede ser un Auto-Indulgente (quizá porque antes no ligaba y ahora se aprovecha, incluso detesta a las mujeres) o ser un

Pseudo-Romántico (necesitan la aprobación de las mujeres para sentirse mejor).

Si no es ninguno de los dos casos, no es un espécimen raro: simplemente es un tipo normal que no está lo bastante maduro emocionalmente para tener una relación de verdad. Y eso son la mayoría.

Pero también es cierto que a través de múltiples citas y ligues, los hombres descubren lo que quieren o no de una relación una vez se asienten, puesto que, como son educados para desconectar de sus emociones, no lo pueden averiguar de otro modo.

Muchas mujeres evitan este proceso, saltando rápidamente de una relación a otra en busca del amor verdadero. Y al hacerlo, evitan el proceso de aprendizaje que las citas puede darte.

Los hombres quieren tener cuantas más citas mejor, pero las mujeres son más selectivas (calidad antes que cantidad). No obstante, una mujer podría aprender más sobre patrones de conducta si fuera a más citas; es algo a tener en cuenta.

Los Hombres

Hombres y mujeres estamos hechos de manera muy diferente. En los genes, en la historia y en la sociedad actual, en todas partes hemos sido tratados y hemos funcionado de manera muy distinta.

Eso es algo bueno, ¿no te parece? En la diversidad está el encanto. Somos tan diferentes que nos complementamos, eso es lo que pienso. No obstante, también provoca muchos malentendidos... y quiero ayudarte a solucionar algunos de ellos.

Un Tauro como hombre

El Tauro es un hombre confiable y paciente, con un gran sentido de la responsabilidad, al que le gusta la música y la cocina... normalmente. Bien es cierto que puede ser muy testarudo, y a veces un poco intransigente.

Si en general a los hombres no les gustan las mujeres inseguras, todavía menos a un Tauro, que detesta la inseguridad casi tanto como como las complicaciones: le gusta la vida fácil.

Los hombres son como un iceberg

Es curioso, pero cuando he hecho esta comparación con otras mujeres, me han contestado cosas como:

—¡Es verdad! ¡Son tan fríos!

—Nunca sabes lo que están pensando

—No tienen sentimientos

—No sienten como nosotras

Algunas de estas sentencias son parcialmente ciertas, pero desde luego, desde el enfoque equivocado.

Déjame que te explique por qué los hombres son como icebergs.

Al nacer, un hombre tiene la misma batería de emociones que una mujer. Quiere y teme del mismo modo.

Pero déjame ver... seguro que alguna de estas frases te suena haberlas oído alguna vez:

—Los niños no lloran

—No seas nenaza

—Tienes que ser un niño fuerte

Estas son algunas de las cosas que oyen los niños desde muy temprano edad. A ellos, por ser hombres, no les está permitido llorar, sentirse tristes o estar enamorados. Al crecer, los chicos se animan unos a otros a jugar con las mujeres, a que las relaciones sean para pasar el rato, como una distracción más; quien lo hace, es el "machote", y tiene un mayor estatus en la manada.

Por tanto, que un hombre no sienta como una mujer es cierto en una pequeña medida, pero en realidad lo que realmente importa es que desde que está en la cuna se le enseña a ningunear e incluso ignorar sus propias emociones.

Por tanto, no es un iceberg porque sea frío o sin sentimientos: es un iceberg porque lo que ves cuando lo miras no es más que la punta de todo su ser, y el resto está oculto bajo la superficie... incluso oculto a sí mismo.

Así que cuando trates con un hombre ten en cuenta que él ha sido obligado a olvidar sus sentimientos, que ni siquiera él está en contacto con sus emociones. Ten paciencia, y comprende que para llegar a contactar con todo lo que tiene en su interior, un hombre tiene que hacer un gran esfuerzo... y lo hará por ti, si le das la oportunidad.

Los hombres no buscan nada serio

Esta sentencia es verdad en una cierta medida, pero tenemos que entender por qué antes de juzgarlo.

Instintivamente un hombre tiende a querer una gran variedad de relaciones a lo largo de su vida, eso es cierto. Están programados genéticamente para buscar una mayor cantidad de compañeras, mientras que las mujeres buscamos la calidad en un compañero.

Esto no es algo malo ni incita a la infidelidad. Si un hombre se escuda en el instinto de variedad para excusarse por ser infiel, es que no es un hombre de verdad.

Lo que sí es cierto es que el instinto los lleva a ser variados en sus parejas, es decir, y como ya hemos dicho, a buscar más cantidad. Eso les sirve para aprender, y para complacer una mentalidad que nosotras no solemos entender, y que viene a resumirse con "seguir soltero hasta que una razón de peso me obligue a dejar de estarlo".

Pero no te engañes. Un hombre quiere, en última instancia, sentar la cabeza y formar una familia, pero es un impulso oculto en la parte más baja de ese iceberg que son sus emociones.

Los Jugadores

Ahora entramos en la parte más sórdida de la mentalidad de algunos hombres, incluyendo los Tauro.

Por ejemplo, algunos de ellos ligan con mujeres como si fuera un juego, y así es como una mujer se encuentra con un hombre, empiezan a tener algo, y entonces él deja de llamarla o contestar a sus mensajes: ya la ha ligado, ya no le interesa. Estos hombres son los Jugadores.

Los Jugadores crean un conflicto para las mujeres, confundiéndolas. Al final, resulta ser que los Jugadores son el "mal material" para una relación, y al mismo tiempo son maestros en seducir y atraer a las mujeres.

Lo que a menudo hace a un hombre interesante o atractivo, NO ES lo que lo convierte en un buen compañero. El problema es que los que sí son buenos compañeros no saben cómo relacionarse con las mujeres, igual que las mujeres no saben relacionarse con ellos.

Cuando un hombre se acerca a ti mostrando comportamientos planeados y "perfectos", siendo seguro de sí mismo, debes evitarlo: es falso y no planea tener una relación emocional contigo, no le importas, solo quiere sentirse importante él, todo se basa en su ego. No es sincero y no está conectado con su verdadero yo, con lo que es pésimo como pareja, porque no piensa en el futuro ni quiere sentar cabeza.

El juego de los Jugadores es distraerte para que no pienses racionalmente sobre ellos y te tropieces con una relación sexual hasta que dejes de interesarles.

Fama, poder y dinero son tres grandes atractivos que un hombre puede tener, sin tener ninguna característica que realmente lo convierta en un buen compañero. Esas Tres Marcas atraen a todo el mundo pero no lo son todo, ni muchísimo menos, aunque los

Jugadores pueden utilizarlo para atraer a una mujer a una relación equivocada. Ten cuidado.

El dicho de que "cuando ves a la persona adecuada, lo sabes" es la excepción y no la regla. Una relación, como todo, necesita tiempo y mantenimiento.

Eso significa que si en un primer momento te sientes atraída por la fama o el buen talante de un hombre, tengas cuidado. A menudo los hombres más atrayentes son los menos indicados para ti, te lo prometo. Por el contrario, tienes que estudiarlo a fondo y conocerlo bien antes de decidir si es para ti, y no dejarte engañar por los juegos.

En cuanto a eso, te explico que hay tres tipos de jugadores:

Ególatras

Los Ególatras sienten la necesidad de que muchas mujeres les presten atención; flirtean y juegan para sentirse válidos, para subirse la autoestima mediante la atracción. A menudo son engañosos, porque muestran un interés que parece sincero, y eso hace que la mujer se abra más a él.

Sociales

Los Sociales hacen del ligue su juego favorito. Siempre tienen una mujer a la que llamar o con la que quedar, y tienden a ir en manada para conocer a nuevas mujeres.

Físicos

Los Físicos son probablemente los más sinceros. Buscan una relación física con una mujer y no piensan en nada más allá. Son sensuales y muy artísticos en la seducción.

Mujeres

Hay un gran estereotipo sobre la mujer en que la mayoría de los Tauro creen a pies juntillas: las mujeres son histéricas. Y cuando una mujer no es histérica, es solo la excepción que confirma la regla, y esa mujer es "especial".

Las cosas que una mujer "especial" hace:

—Quejarse poco o nada sobre cosas que no se pueden arreglar

—Traen pensamiento positivo a todas las situaciones

—No necesitan controlarlo todo

—Pero son asertivas y seguras en cuanto a sus opiniones

—Siempre tiene opciones y cosas que hacer, y no hacen sentir a los hombres como si las abandonaran si, por ejemplo, quieren ir a tomar algo con sus amigos

—Nunca obligan a un hombre a hacer algo que no quiere

—Si necesita ayuda, la pide sin más

—Lleva bien las situaciones sociales

—No exigen en exceso de un hombre

—No necesitan que otro las haga sentir válidas

—Es honesta

—No minimizan sus emociones; si algo las molesta, son claras al respecto

—No exageran, salvo si es para hacer una broma

—No dicen cualquier tontería que se les pase por la cabeza sin pensar primero

—No hablan de los males del pasado a no ser que sea necesario

—No obligan a un hombre a hablar de sus sentimientos

Como ves, no son cosas malas, ¿verdad? Ahora piensa… ¿Eres así?

¿Qué atrae a un Tauro? Si hay que elegir una sola cosa, se trata de una mujer capaz de desenvolverse en cualquier situación. Es decir, el estado emocional seguro y tranquilo, y el modo confiado en que habla, es lo que hace de una mujer una mujer atractiva para un hombre.

De manera inconsciente, los hombres prueban a las mujeres para comprobar si realmente tienen el control. Por eso, cuando una mujer intenta forzar a un hombre a avanzar en la relación, eso mata la atracción, porque el mensaje que manda no es "yo tengo el control de mi vida" si no "te necesito en mi vida".

Los hombres se ven atraídos hacia las mujeres "egoístas", que son seguras, sarcásticas y hacen su vida al margen de ellos. Pero al mismo tiempo se desencantan de las que son demasiado "malas". Hay que encontrar un equilibrio aquí.

Una mujer atractiva es retadora, impredecible.

La gente más feliz y exitosa en su vida es aquella que toma la responsabilidad de lo que pasa a su alrededor y hace algo por mejorar las cosas; es decir, los que no se quedan diciendo "¿y por qué me tengo que ocupar yo si son los hombres los que tienen problemas para comprometerse?".

Control

Cuando alguien te hace daño emocional, eres tú en realidad quien se lo hace: tú decides dejar que te afecte. Si tomas eso en cuenta, es fácil llegar a la conclusión de que para evitarlo solo debe ser "dueña de tus emociones".

Siendo dueña de tus emociones, cuando tu hombre tiene un problema y está siendo hosco y áspero, por ejemplo, eres completamente capaz de darte cuenta de que no es algo personal contra ti, sino que algo va mal en su vida y necesita tu ayuda (y esto, dicho sea de paso, es válido en cualquier tipo de relación y cualquier género, también con una amiga tuya).

A pesar de las apariencias, algo muy bueno que hacer en el día a día es rememorar un momento feliz, o en el que te has sentido poderosa, porque entonces en el momento presente te sentirás así.

Así, al estar en diferentes ambientes puedes ponerte en el "estado" de poder, de felicidad o de confianza, depende de lo que quieras en cada momento, al imaginar y revivir esa emoción, ese recuerdo, que te afecta en el presente.

La mujer dependiente

Una mujer tiene derecho a tener sentimientos, y a querer lo que quiere de una relación. No hay nada de qué avergonzarse. Dicho esto, no es lo mismo tener sentimientos a necesitar que otros los validen. No necesitas a nadie para ser quien eres, para querer lo que quieres ni tampoco para obtenerlo.

Hay que luchar contra el mito de la mujer dependiente: una mujer no necesita a un hombre para validarse emocional y psicológicamente, como muchos creen, sino que se basta a sí misma.

Además, ante el mito de la mujer dependiente los hombres reales se sienten atrapados y ahogados, como si fueran a perder su independencia y masculinidad al verse absorbidos por esa necesidad femenina.

Eso sí, hay una situación contradictoria, y es que la mayoría de los hombres quieren tanto a una mujer independiente y capaz como a una mujer dependiente y necesitada. Ambas suplen necesidades emocionales y sociales en un hombre, lo hacen sentir interesado y también poderoso. Pero mientras que la mujer independiente es interesante a largo plazo, la dependiente y necesitada deja de serlo muy pronto.

Si algo hace huir a un hombre es una mujer insegura y necesitada, algo muy común en las citas. Sucede cuando ella no está segura de lo que está haciendo, o sobre sí misma. Los hombres tienen un radar muy preciso para estas cosas.

Comprenderte a ti misma

Comprender los propios deseos y necesidades es vital.

Las personas felices y exitosas son pacientes, y no tienen objetivos inalcanzables. También empatizan mucho: es decir, para relacionarte con un hombre tienes que comprender en qué punto se encuentra él y cuáles son sus expectativas, objetivos, etcétera, cómo se sentirá cómodo.

Cuidado con el síndrome del final feliz. Las relaciones no son fáciles, no alcanzas un "ahora ya estamos bien" y todo es sencillo a partir de ahí. La perfección no existe y debes ser consciente de que para tener una relación a largo término hay que luchar cada día y recoger las recompensas.

Si esperas la perfección de algo, solo te frustrarás.

Con esto quiero decir que normalmente tus ideales y la realidad no tienen mucho en común y resulta nocivo para la relación estarlo comparando continuamente. Además, los ideales de un hombre son muy distintos a los de una mujer. ¿Qué haces con esa diferencia? Pues fácil, tienes que buscar el punto intermedio, tienes que comprender, tanto a él como a ti misma, y ser flexible para comunicarte y llegar a un consenso.

Pregúntate…

Para conseguir a tu hombre, tienes que tener muy claro qué clase de hombre quieres, descubrir qué te parece atractivo en él, e ir adonde es más probable que esté.

—¿Cómo debe ser su personalidad? ¿Intenso, cariñoso, gentil, machito?

—¿Qué cosas disfrutará?

—¿Qué es lo que más valora? (inteligencia, dinero, familia,…)

—¿Cómo trata a los demás? ¿Cómo interactúa con el resto de la gente?

—¿En qué punto está de su vida profesional?

—¿Cómo es físicamente?

—¿Cómo es su historial de citas?

—¿Cómo se ve en el futuro?

Estas preguntas te ayudarán a perfilar la clase de hombre que debes buscar para hacerte feliz. Sé sincera contigo misma en todo momento.

Di "no"

Ser selectiva está socialmente mal visto, porque "todo el mundo merece una oportunidad", pero siendo sinceras, tú tienes unas expectativas para tu pareja, y si son realistas, debes ceñirte a ellas a la hora de seleccionar a tu compañero.

Si has aprendido a comprenderte, si sabes lo que quieres, no te conformes con otra cosa. Sabes lo que necesitas, lo que te hará feliz, así que di "no" cuando un hombre no cumpla con lo que esperas de él. Sé honesta: querer ciertas cosas no tiene nada de malo, y no dejes que nadie te lo quite.

Las emociones

Los hombres ven las emociones en general como una debilidad, a raíz de la evolución y la educación social, de manera que cuando una mujer se pone emocional, lo desprecian. No obstante, si esa mujer pudiera traducir las emociones que transmite a un lenguaje que ellos puedan comprender, entonces no habría problema. Y para eso hay que ser segura, asertiva, no disculparse por las propias emociones y jamás dejarse llevar por el miedo, la inseguridad o la rabia.

Antes de comenzar a mejorar en tus relaciones con los hombres, tienes que mirar a tu interior y hacer las paces con todo lo que tienes. ¿Recuerdas lo de comprenderte a ti misma? De eso se trata. Estar emocionalmente equilibrada (ser emocionalmente madura) resulta increíblemente atrayente para los hombres.

La madurez emocional implica ser capaz de aprender de los propios errores y tomar responsabilidades de tus actos. Una vez hayas alcanzado ese compromiso privado y controles tu propia vida, debes ser realista sobre lo que buscas en un hombre, qué es lo que te hará feliz.

Luego averigua qué es lo que estás haciendo que IMPIDE alcanzar esa felicidad. Y es que las personas tendemos a modificar nuestro comportamiento en base a emociones negativas del pasado, lo que nos impide liberarnos y ser felices.

No puedes cambiar a un hombre, así que ni lo intentes. No obstante, con aprendizaje y autoconocimiento puedes llegar a cambiarte tú, ser una versión mejor de ti misma. No suena mal, ¿verdad?

Muy emocional vs. emocionalmente madura

Ser muy emocional no significa que seas emocionalmente madura; para ser emocionalmente madura tienes que ser capaz de comprender y expresar tus emociones adecuadamente. Para eso:

1. Observa tu emoción interior, las reacciones emocionales que te provocan los eventos.

2. Identifica el "discurso interior", aquellas cosas que te hacen reaccionar de determinada manera y por qué.

3. Aprender a utilizar tu discurso interior para lo mejor, tanto para ti como para la otra persona.,

En muchas ocasiones, cuando una persona te hiere emocionalmente lo hace porque alguno de los dos, o ambos, no sabe leer las emociones y separarlas del comportamiento. Es decir, crees que el otro está sintiendo algo y por eso te duele, pero puedes estar equivocándote. Juzgar sin saber es uno de los mayores errores del ser humano.

Programación emocional

En muchas ocasiones, las personas estamos pre-programadas emocionalmente; es decir, antes de que nos encontremos con algo, ya sabemos cómo vamos a reaccionar. Si te disgusta mucho una clase de música, vas a reaccionar con disgusto al escucharla.

Uno de los problemas de esta pre-programación, además de reaccionar mal ante situaciones que en realidad no lo merecen, es que nos lleva a estar más sobre alerta, más sensibles, cuanto más "importante" es la situación.

Y esto nos interesa porque al tratar con un hombre al que valoras como tu compañero de por vida (una situación altamente importante para una mujer), estás increíblemente sensible a todos los eventos y situaciones, lo que podemos llamar como "hipersensible".

El contagio

Las emociones pueden ser contagiosas: si eres feliz y sonríes a otra persona, esa otra persona te sonreirá a su vez y se sentirá feliz. Lo habrás contagiado. Eso ayuda en las relaciones, porque por ejemplo:

—Si al hablar de tus sentimientos te muestras tranquila, relajada, el hombre con el que hables será capaz de relajarse cerca de ti.

—Si sucede algo embarazoso y tú te ríes, sin darle mayor importancia, verás que él tampoco se la dará.

—Si él dice o hace algo que te hiere, en lugar de saltar sobre él con tu furia tómalo con calma y hazle saber que no lo tolerarás, pero con serenidad. En seguida captará que ha sido un idiota.

Hacerse la víctima y echar la culpa de todos tus problemas es muy fácil; no obstante, eso nunca te hará feliz ni te hará sentir exitosa.

El potencial emocional de un Tauro

A raíz de su programación genética a través de miles de años de evolución, el hombre tiene un potencial emocional muy bajo; es decir, su capacidad para encariñarse con otros es reducida, mientras que la mujer, justo por el mismo motivo, la tiene muy alto. Esto se debe a que ellos desde el origen de la humanidad tuvieron que luchar y competir, mientras que el trabajo de la mujer era el de cuidar y querer.

El Tauro a veces puede parecer muy emocional, porque lucha con fuerza por sus convicciones. No obstante, eso no es lo mismo que ser capaz de aceptar y sobre todo manejar sentimientos intensos como nos pasa a las mujeres.

Por suerte, hay ciertas cosas que puedes hacer para que tu hombre mejore su potencial emocional, y su capacidad para encariñarse contigo mejore. Por ejemplo:

—Hablar sutilmente de otras parejas que ya son cercanas. El hombre tiene facilidad para aprender de otros.

—Compartir la visión de las cosas que tú tienes, pero sin presión. Eso lo ayudará a comprender tu punto de vista.

—Señalar con suavidad lo triste de la soledad; por ejemplo, al ver una película que trate sobre un hombre solo. Deja que él piense por sí mismo sobre lo que siente al respecto y sobre ti.

Pero nunca intentes convencerle de que te quiera más o se sienta más unido a ti. Hay hombres que tienen un bajo potencial emocional, y así se quedarán; e intentar cambiarlos a la fuerza solo desencadenará una ruptura.

Hábitos emocionales

Hábitos emocionales positivos para atraer la atención y el corazón de un Tauro:

—Mantener un tono positivo. Eso exuda confianza y resulta muy atractivo.

—Empieza las interacciones importantes teniendo claro lo que quieres que te devuelva. Si transmites frustración y enfado eso es lo que vas a sacar de un hombre en los momentos importantes, así que si te muestras abierta, comprensiva y positiva, él responderá de igual modo.

—Entiende y hazte entender. Ser comprensiva y entender al hombre hará que él responda igual, intentando entenderte y comprenderte.

—Sé flexible. No tienes que rendirte, pero ceder de vez en cuando le hace ver a la otra persona que le importas lo suficiente, así que él hará lo mismo por ti.

—Habla claro. Deja claras tus emociones y tus sentimientos pero no de una manera abusiva, sino dejando una puerta abierta. Cuando transmitas lo que sientes asegúrate de que el mensaje sea "esto es lo que yo siento, ¿qué hay de ti?".

Combate su irritación

A la hora de sacar a un Tauro de un estado de irritación (sobre todo en cuanto a vuestra relación) aquí van unos trucos:

—Dale la razón. Si dice que no tenéis futuro, no le discutas, porque se cerrará en banda. En cambio, si le dices que quizá está en lo cierto se relajará y puede ser capaz de verlo desde otro ángulo.

—No lloriquees. Lo odian.

—Encuentra la manera de estar satisfecha con las cosas como están. No dejes que su irritación te irrite a ti también.

—Si un hombre está mostrándose difícil o esquivo, muéstrate un poco menos disponible. Que sepa que tienes más vida aparte de él lo hará despertar.

El interés (conexión emocional)

Ante una mujer de su interés, un Tauro la puede ver de dos maneras: como a una potencial pareja para largo término, o como un mero interés físico.

Se entiende que hay dos tipos de atracción: la física y la intelectual. Cuando hay solo atracción física, los hombres son muy intensos pero se aburren en seguida y cambian de objetivo. La atracción intelectual es lo que hace que un hombre pase de relación casual a relación seria. El problema es que si no hay atracción física, entonces el hombre "no lo siente del todo" y acaba por cortar.

Si una mujer logra generar ambas atracciones en un hombre, ya tiene muchos problemas menos para alcanzar el compromiso.

Para aumentar la atracción, la tensión y el deseo de una relación a largo plazo, HAZ ESPERAR AL HOMBRE. No le des sexo en la primera cita. Si trabajas poco a poco y con cuidado crearás una expectación y una atracción que no te puedes ni imaginar. Es más, si él espera por ti está demostrando más paciencia y más interés por ti que si te quiere de inmediato en su cama. Piensa qué te gusta más.

Presta mucha atención si tu hombre quiere presionarte para tener sexo a como dé lugar, si se pone irritado cuando se lo niegas. Esa es señal de que eres un objeto sexual y no una mujer para él.

El gran secreto es que cuanto más tenga que trabajar un hombre por agradar a una mujer, más la valora y aprecia. Si no se esfuerza en lo más mínimo, es que ese aprecio no existe y no eres nada para él.

Debes dejar claro desde el principio que no estás solo teniendo citas porque sí, sino que buscas algo serio, pero ten en cuenta que NO puedes hacerlo de manera tajante o agresiva, sino con calma y seguridad. A nadie le gusta que lo presionen, hombre o mujer.

La femme fatale
En las películas, en las series, en los libros, e incluso en el día a día podemos encontrar a mujeres como esta: mujeres de increíble atractivo y gran

seguridad que esgrimen su sexualidad como un arma, y así atraen a todos los hombres que deseen.

A veces ser la "femme fatale" parece que tiene sus ventajas. Los hombres hacen lo que ella quiere, se desviven por ella y anhelan su atención. Creo que cualquier mujer quiere sentirse así de deseada, ¿no te pasa?

Pero si lo que quieres es una relación real con tu hombre, entonces el peor error que puedes cometer es convertirte en una "femme fatale".

Un hombre ve a las mujeres de dos formas distintas: como un objetivo sexual, y como un objetivo emocional. Si eres un objetivo emocional puedes también llegar a ser su objetivo sexual… pero si eres su objetivo sexual eres y siempre serás un objeto de deseo para él, y nada más.

Las "femme fatale" controlan a los hombres mediante el sexo, pero si haces eso, nunca tocarás su corazón. Y lo que quieres es que te ame, no solo que te desee, ¿verdad?

De hecho, las mujeres atractivas lo tienen más difícil para asentarse con un hombre que las que son normales. Y eso es porque disparar la atracción física les resulta muy fácil, los hombres caen en sus manos fácilmente, pero después no llegan a sentir atracción intelectual.

Así que olvídate de ese papel. Olvídate de ser una diosa del sexo capaz de lograr que todos los hombres hagan lo que tú quieras. Debes ser tú: maravillosa, tierna e independiente, siempre tú misma.

Los hombres solo piensan en una cosa

El clásico "los hombres solo piensan en una cosa" es un mito y limita la percepción que tienes del hombre; más bien al contrario, ellos quieren compartir muchas cosas con una pareja, más allá del sexo.

La diferencia está en que no necesitan compartir nada más que eso con su interés sexual. El problema radica en que, como mujeres, nosotras tenemos problemas para separar el sexo de lo demás.

A ti te gustaría ir a cenar con el hombre con el que te estás acostando, o ir al cine. En definitiva, hacer algo más, construir algo más. No obstante, él no: si le interesas sexualmente, no tiene intención de hacer nada más que sexo, aunque al principio puede aceptar… mientras obtenga lo que quiere.

Es común que los hombres empiecen una relación con mujeres solo por la atracción sexual, una relación siempre condenada al fracaso, porque esa atracción se apacigua en de dos a cuatro meses y él "recupera la cabeza".

Cabe decir que esto no es por malicia. Un hombre, sobre todo uno inmaduro emocionalmente, se mete en estas relaciones cejado por la atracción física, sin darse cuenta de que nunca funcionará.

Mandar el mensaje adecuado

Si te enfrentas a todo aquello que estresa e incomoda a una mujer y te lo tomas con humor, entonces serás distinta al resto y llamarás la atención de tu hombre.

Al hacer preguntas directas a un hombre sobre su personalidad y sus gustos, sin presiones y de una manera divertida y agradable, le estás transmitiendo que no te vale cualquier cosa, que lo estás valorando, y entonces le demuestras que tienes muy claro lo que esperas del hombre que va a estar contigo toda la vida.

Es decir, lo que dices es que no malgastas tu tiempo con nadie que no esté a la altura, y si estás con él, es porque puede que sí lo esté.

Utilizando patrones de comportamiento naturales, puedes provocar atracción y pensamientos de largo término sin tener que pelear, discutir o luchar por ello.

Gracias a estos patrones podrás hacer ciertas preguntas que harán que un Tauro sepa que lo estás valorando, pero solo lo aceptarás si tiene lo que hay que tener, no estás simplemente esperando que te escoja. Siempre y cuando hagas esas preguntas de la manera adecuada; de lo contrario solo lo irritarás.

Mostrar que eres la que elige, que tienes el control de tus emociones y de tu vida, es increíblemente atractivo para los hombres, que se sentirían estúpidos dejándote escapar; esta atracción viene dada por lo que llamo "La Respuesta Honesta", que necesita que el hombre note tres cosas:

—Que la mujer espera ciertas cosas (emocionales, sociales y conductuales) para que él esté con ella.

—Que la mujer tiene ciertos comportamientos y señales que le indican que él quiere tener una relación real con ella.

—Que la mujer no aceptará solo una relación física.

CUIDADO al mandar el mensaje de que tú eliges; algunos hombres no lo llevan bien (hay una línea muy fina entre mostrarte confiada en ti misma y tener una actitud arrolladora).

Tipos de acercamiento

Hay tres maneras de acercarse a un Tauro:

—Acercamiento racional. No buscas una manera de solucionar los problemas que surjan en la relación sino que utilizas la lógica para juzgarlos.

—Acercamiento emocional. Utilizas tus emociones para percibir los sucesos y actúas en consecuencia.

—Acercamiento intuitivo. Mezclas las emociones y la razón y utilizas todos tus sentidos para conocer y relacionarte con los hombres. Es el método más equilibrado y exitoso.

La conexión emocional

Las mujeres, a pesar de anhelar conectar con un hombre, tenemos problemas para:

—Identificar si un hombre es el compañero adecuado (más allá de esa conexión entre los dos). La fama, la belleza y la actitud nos distraen y no vemos las cosas realmente importantes de él.

—Descifrar si las interacciones, comportamientos y atracción forman o no los verdaderos fundamentos para una relación de largo término.

En muchos casos, más allá de esa conexión (una emoción química), no hay nada más, y por tanto la relación no perdura. Y mientras una mujer tiende a aferrarse a esa conexión, los hombres la desechan en seguida, pierden interés y pasan a otra cosa. Esto es porque para una mujer que siente la conexión, es muy fácil idealizar a su compañero; quiere su príncipe, su pareja para toda la vida. En cambio, el hombre no.

Con todo esto quiero decir que la conexión química debe ser controlada. Está ahí, pero tienes que aprender a ver más allá de ella para ver la realidad tal y como es, y así poder trabajar en el largo término sin interferencias.

Rasgos intelectuales para atraer a un Tauro

Hay una serie de rasgos que llaman la atención especialmente a un Tauro. Es decir, si tienes alguno de estos rasgos, o hace alguna de estas cosas, hay más posibilidades de que ese hombre con el que sueñas te preste su atención.

—Sentido del humor.

—Inteligencia.

—Creatividad.

—Pensar en él. Este es difícil, pero si le haces saber a un hombre que has pensado en él (por ejemplo, que algo le ha recordado a él o un regalo que has visto y has pensado en él en seguida), pero sin indicarle que "estás loca por él", eso lo atraerá muchísimo, le hará sentirse valorado pero no presionado.

—Perceptiva. A los hombres (y a cualquiera) les encanta que los demás noten cuándo han cambiado algo o se han puesto una camisa nueva.

—Aventurera.

—Autoconfianza.

—Talentos.

—Atención. Y si es claramente, mejor (por ejemplo, decirle que estabas escuchando y te encanta cómo suena su voz).

—Ser un reto. A los hombres les gusta perseguir a las mujeres, y no a la inversa.

—Decidida. A los hombres les gustan las mujeres que persiguen sus objetivos.

—Maestría sexual. A los hombres les gusta el sexo, y una mujer que sabe lo que hace les encanta.

—Impredecible. Les gustan las mujeres que se salen de los estereotipos que esperan.

Hay mujeres a las que llamo "naturales" que instintivamente saben cómo atraer la atención de un hombre, al margen de su aspecto físico y sus cualidades. Pero muy pocas somos así.

Cuando hay un interés romántico mutuo entre hombre y mujer, las probabilidades son que ninguno de los dos seréis del todo sinceros porque queréis decir y hacer las cosas correctas. Lo único correcto es ser sincero y tranquilo sobre los propios deseos e intenciones.

La relación

¿Sabes esa sensación de que en una relación, sobre todo al principio, el hombre debe estar ahí para ti, y si no lo hace eso te hiere? Eso se llama "la deuda de la relación", y muchos hombres no lo ven de la misma manera.

Para poner en común puntos de vista y los deberes de una relación, hay que hablarlo primero. No des nada por sentado. Como ya hemos dicho antes, cada persona tiene sus prioridades, sus puntos de vista, y hay que saber poner las cosas en común; la comunicación, ante todo, es primordial.

Un hombre no sienta la cabeza con una mujer solo por ser guapa, tiene que tener otras cualidades, pero esas otras cualidades tampoco sirven de nada si no hay atracción física (no necesariamente venida de la belleza).

Ambas, atracción física y atracción intelectual, son vitales para que un hombre realmente quiera estar a largo plazo con una mujer.

Si quieres mantener la atracción, mantén las conversaciones, las citas y las interacciones divertidas, y no divagues sin sentido. Tiene que ser breve, entretenido, mantener así el interés y alimentar la atracción.

Utiliza tus instintos y tu observación para aprender las pautas de conducta de un hombre; qué lo hace reaccionar de determinada manera, qué provoca más atención,… puedes usar todo eso en la seducción.

Hay un estereotipo sobre la mujer que los Tauro encuentran muy desagradable, y es la mujer "de la cadena", es decir, esa mujer que los va a encadenar y ya no podrán divertirse como siempre. Los hombres tienen ese concepto muy arraigado, pero si demuestras que eres una mujer libre, divertida y de buena actitud, se enamorará perdidamente de ti: no serás como las otras.

Al empezar a hablar con un chico, hazlo de manera divertida y amena, y hazle saber aquello que te gusta de él. No tienes por qué alabarlo sin razón ni inflarle el ego, pero que sepa que hay ciertas cosas de él que te interesan.

Continuando con una relación, no tengas "la conversación" para que sea más serio, pues eso lo hará huir. En su lugar, habla tranquilamente de las cosas que ya funcionan bien entre vosotros.

No le digas todo lo que está mal y hay que cambiar: hazle ver que hay cosas buenas entre vosotros y quieres que siga así.

Es bueno que eventualmente le hables a él de lo que te gustaría tener en una relación, pero cuidado: no lo hagas de manera que quede claro lo que NO tienes en tu relación AHORA MISMO, es decir, con él. Se trata de comunicarle lo que quieres, no de dejarle claro lo que está haciendo mal.

Escúchale.

Y olvida esa frase de "no daré más de lo que me den". Las relaciones no funcionan así. El amor, el afecto y la diversión se dan libremente, y dándolo obtienes más por ti misma. Una relación no es un negocio. Esa es la premisa básica que debes entender para tener una relación duradera con el hombre de tus sueños.

60

El compromiso

El verdadero compromiso con un Tauro no se da con "la charla" o con una sola decisión, sino que es un cúmulo de pequeñas cosas que lo lleva hacia él motu propio. Es como inflar un globo: si lo haces demasiado deprisa, puede explotar. Es lo que sucede con un hombre: si lo presionas, puede estallar y hacerte a un lado.

El problema es que muchas mujeres empiezan la relación con una visión pre-establecida del compromiso, que no encaja con el proceso ni con el destino final real. Y así, su "globo" no es lo que pensaban ni lo que quieren.

Nunca asumas que él quiere lo mismo que tú. Las personas sienten y desean cosas distintas. ¿No hemos hablado ya de eso?

No ocultes tus expectativas. Si lo haces, al no verlas cumplidas irás sumiéndote en la amargura y estallarás, y entonces tu hombre no entenderá a qué viene "tanto drama".

Tampoco quieras comprometerte muy pronto. Si él dice que no quiere comprometerse, no creas que lo hará pronto por ti. Ser más honesta con tus deseos y menos ansiosa con las expectativas te harán una mujer más feliz y exitosa.

JAMÁS intentes convencer a la fuerza a un hombre de que haga algo (incluso algo tan pequeño como adónde vais a cenar). Forzar las cosas, incluso las más pequeñas, ponen en rodaje el principio del fin en una relación, puesto que el instinto natural en un hombre (y también en las mujeres) cuando intentan obligarlo a algo es resistirse.

El consenso, por el contrario, alimenta esa relación para que eche raíces.

No asumas que un hombre sabe lo que quieres nada más empezar la relación. Los hombres son completamente ignorantes de estas cosas.

Truco: si un hombre te dice que "no sabe lo que quiere de la relación" es su manera de decir que, simplemente, no quiere lo que tiene y punto.

Es fácil olvidar que la mayoría de los hombres sí quieren asentarse con una mujer y tener una vida en pareja, formar una familia. No obstante, hasta que no están listos para el compromiso (el gran problema), no lo harán.

Si te interesa un Tauro pero este no sabe comunicarse adecuadamente, tú tomas el mando. Pero si vas demasiado deprisa se alejará de ti por instinto. Si no es él quien busca algo más activamente, adopta la idea de que está todavía haciéndose a la idea y no lo presiones; eso hará que se sienta más tranquilo y con más ganas de estar contigo.

Si le transmites a un hombre que tienes necesidades con él en el futuro, se disparará la reacción "hombre soltero": es la sensación que embarga a un hombre acosado de que estará mejor solo que contigo.

Necesitas aprender a escuchar lo que otros quieren y necesitan en lugar de decirles lo que tú crees que necesitan.

La conversación típica (los clichés) son mortales para la atracción: si te dedicas a preguntar las cosas más típicas tienes muchas probabilidades de que el hombre de tus sueños se aleje de ti en busca de una mujer más entretenida, más impredecible.

Tampoco vale el clásico "coqueta tímida". Es el mismo resultado.

En lugar de una conversación típica, habla de algo que verdaderamente importe.

Epílogo

En último lugar, pero no menos importante...
no te obsesiones con los detalles. Con los Tauro nunca
es sobre los detalles, es sobre el todo. Deja de
preocuparte por hacer las cosas a la perfección con un
hombre y limítate a disfrutar del viaje.

El éxito también estriba en aceptar un rechazo
sin tomarlo como algo personal.

SIEMPRE intenta ver las cosas desde el lado de
la otra persona.

NUNCA actúes como si tu visión fuera más
importante que la del otro.

Primero, comprende al hombre. Después él te
comprenderá a ti.

Y con esto, amiga mía, hemos acabado. Espero
que mis consejos te hayan sido útiles, y que hayas
aprendido mucho con esta lectura. Ya sabes lo que
tienes que hacer. Ahora, ¡a la práctica!

Printed in Great Britain
by Amazon